LINGUAGEM CORPORAL

Use sua linguagem corporal para obter o que você quer

(Linguagem corporal e como isso pode criar resultados incríveis em todas as áreas da sua vida!)

Joao Melo

Traduzido por Jason Thawne

Joao Melo

Linguagem Corporal: Use sua linguagem corporal para obter o que você quer (Linguagem corporal e como isso pode criar resultados incríveis em todas as áreas da sua vida!)

ISBN 978-1-989891-52-0

Termos e Condições

De modo nenhum é permitido reproduzir, duplicar ou até mesmo transmitir qualquer parte deste documento em meios eletrônicos ou impressos. A gravação desta publicação é estritamente proibida e qualquer armazenamento deste documento não é permitido, a menos que haja permissão por escrito do editor. Todos os direitos são reservados.

As informações fornecidas neste documento são declaradas verdadeiras e consistentes, na medida em que qualquer responsabilidade, em termos de desatenção ou de outra forma, por qualquer uso ou abuso de quaisquer políticas, processos ou instruções contidas, é de responsabilidade exclusiva e pessoal do leitor destinatário. Sob nenhuma circunstância qualquer, responsabilidade legal ou culpa será imposta ao editor por qualquer reparação, dano ou perda monetária devida às informações aqui contidas, direta ou indiretamente. Os respectivos autores são proprietários de todos os direitos autorais não detidos pelo editor.

Aviso Legal:
Este livro é protegido por direitos autorais. Ele é designado exclusivamente para uso pessoal. Você não pode alterar, distribuir, vender, usar, citar ou parafrasear qualquer parte ou o conteúdo deste ebook sem o consentimento do autor ou proprietário dos direitos autorais. Ações legais poderão ser tomadas caso isso seja violado.

Termos de Responsabilidade:
Observe também que as informações contidas neste documento são apenas para fins educacionais e de entretenimento. Todo esforço foi feito para fornecer informações completas precisas, atualizadas e confiáveis. Nenhuma garantia de qualquer tipo é expressa ou mesmo implícita. Os leitores reconhecem que o autor não está envolvido na prestação de aconselhamento jurídico, financeiro, médico ou profissional.

Ao ler este documento, o leitor concorda que sob nenhuma circunstância somos responsáveis por quaisquer perdas, diretas ou indiretas, que venham a ocorrer como resultado do uso de informações contidas neste documento, incluindo, mas não limitado a, erros, omissões, ou imprecisões.

Índice

Parte 1 1

Introdução 2

Capítulo 1: Entendendo O Que É A Linguagem Corporale Por Que É Importante Para Você Entender E Aperfeiçoala 5

Capítulo 2: Como Usar Comunicação Não Verbal E Linguagem Corporal Para Melhorar Suas Habilidades Sociais 14

Capítulo 3: Lendo Linguagem Corporal De Interesses Românticos Eentendendo O Que Eles Estão Realmente Te Dizendo 20

Capítulo 4: Entendendo Relacionamentos Com Colegas De Trabalho, Amigos, E Parentes Através Do Entendimento Da Sua Linguagem Corporal.. 29

Capítulo 5: 10 Dicas De Como Aperfeiçoarsua Linguagem Corporal Para Construir Uma Poderosa Empatia Ao Conhecer Novas Pessoas. 36

Capítulo 6: Como Instantaneamente Aumentarsua Auto Estima E Auto Confiançarapidamente Mudando Sua Linguagem Corporal E Estado De Espírito 40

Capítulo 7: Usando Linguagem Corporal Para Aumentar A Suas Habilidades De Liderança E Influenciar E Persuadir Os Outros... 45

Capítulo 8: Como Carisma E Linguagem Corporalandam De Mãos Dadas E Como Usar Linguagem Corporal Para Ter Um Carisma Irresistível 49

Capítulo 9: Dicas Para Aumentar Sua Confiança Nas Suas Habilidades De Comunicação E Habilidade De Falar Diante Dos Outros Com Linguagem Corporal Apropriada 52

Capítulo 10: Rapida Lista De Verificação Para Garantir Que Você Está Mandando A Mensagem Certa Com A Sua Linguagem Corporal 54

Conclusão 56

Parte 2 58

Introdução 59

O QUE É A COMUNICAÇÃO 59
OS TIPOS DE COMUNICAÇÃO 60
A IMPORTÂNCIA DA LINGUAGEM CORPORAL 62
O Poder Da Voz 65
Usando A Voz 65
ENTENDENDO A POSTURA 68
Significados De Diferentes Posturas 69
USANDO OS OLHOS 73
CONVERSANDO COM AS MÃOS 76
ENTENDENDO O USO DE EXPRESSÕES FACIAIS 79
USANDO A CABEÇA 82

Reconhecendo Seu Processo De Pensamento 86

A Mente Protetora: 89
A Mente Projetiva 91
A Mente Conflituosa: 92

Compreender O Seu Processo De Pensamento 96

Parte 1

Introdução

Eu quero lhe agradecer e lhe parabenizar por adquirir esse livro.
Esta obra prima da "Linguagem Corporal" contém passos comprovados e estratégias sobre como entender facilmente o que os outros estão dizendo para você através de comunicação não verbal, e o que você e sua linguagem corporal estão dizendo para eles!
É dito que comunicação não verbal pode ser mais de 75% da comunicação diária!
Você podever porque essa é umahabilidade extremamente importante e perspicaz de se entender e aperfeiçoar.
Sem entender a linguagem corporal das pessoasvocê está possivelmente registrando só 25% da história. Também quando você acha que está dizendo a alguém uma coisa, Mas a sua linguagem corporal não combina – Eles podem achar que você está dizendo uma coisa completamente diferente! Não se admira

que pode haver tanta frustração em relacionamentos.

Este livro foi escrito com essas idéias em mente e eu estou completamente confiante que depois de ler você vai entender linguagem corporal, e o que significa,muito melhor. Leia junto para aprender como alterando sua postura, expressões faciais, gestos, e até o tom da sua voz pode influenciar seu humor, emoções, e confiança. Você também vai saber como o uso apropriado da linguagem corporal podelhe dar uma vantagem em lidar com negociações, apresentações, ou até simples interações diárias. Em uma escala gradual, linguagem corporal apropriada pode até alavancar o sucesso da sua vida— Pode forjar relacionamentos positivos interpessoais ou de negócios e pode aumentar sua influencia entre colegas de trabalho ou até membros de equipes. Você vai ser visto como uma pessoa altamente carismáticacom grande autoridade e habilidades de liderança.

Os benefícios de estar no controle da sua linguagem corporal não terminam aqui! É amplamente estabelecido que um dos elementos mais indispensáveis da atração é a linguagem corporal. Conhecer tais assuntosnão só vai lhe ajudar a interpretar os gestos do seu parceiro, isso também te ajuda a controlar suas próprias expressões não verbais para a sua vantagem máxima. Depois de ler esse livro, você vai estar mais seguro de que você pode garantirum lugar seguro na arena do amor, namoro, e romance.

Obrigada novamente por adquirir esse livro, eu espero que você usufrua dele!

Capítulo 1: Entendendo o que é a linguagem corporale por que é importante para você entender e aperfeiçoala

É amplamente estabelecido que boa comunicação é o alicerce de qualquer relacionamento bem sucedido—Seja ele pessoal ou profissional. É indispensável saber, entretanto, que a nossa comunicação verbal é a que fala mais alto. A habilidade de entender a linguagem corporal de alguém, expressões faciais, gestos, contato visual, e tom de voz é uma ferramenta poderosa para ajudar você a transmitir o que realmente quer dizer. Com isso, você pode estabelecer conexões mais fortes com as pessoas.

O que é comunicação não verbal e linguagem corporal?

À medida que interagimos com pessoas, nós constantemente enviamos e recebemos sinais sem palavras. O jeito que sentamos, os gestos que fazemos, a velocidade ou volume da nossa voz, como nós nos posicionamos, quanto contato visual nós fazemos. Como essas são mensagens não verbais, as mensagens transmitidas não param quando você para de falar. Até quando você está completamente em silêncio,você ainda vai estar se comunicando não verbalmente.

Há vezes quando o que sai da nossa boca—O que dizemos verbalmente—e o que expressamos através da nossa linguagem corporal são duas coisas totalmente diferentes e portanto,são completamente incongruentes.Quando uma pessoas está encarando essas pistas variadas, Ele ou ela tem que decidir quando considerar ou acreditar na sua mensagem não verbal ou verbal.Na maioria dos casos, entretanto, uma pessoa irá preferir a não verbal por que é uma linguagem subconsciente e natural que fala sobre nossa verdadeira intenção e sentimentosem qualquer momento específico.

Porque comunicação não verbal importa?

Seu olhar, movimento, a maneira que você escuta e reage, informa à outra pessoa esteja você ou não sendo verdadeiro, quão bem você está escutando ou simplesmente se você se importa com o que ele ou ela estão dizendo. Quando a sua produção verbal é congruente com os seus sinais não verbaisvocê vai reforçar a claridade das suas mensagens, e a harmonia e confiança.Quando elas não combinam, vão gerar desconfiança, tensão e confusão.
Se tornar um melhor comunicador significa ser mais sensível, não só para a linguagem corporal e pistas não verbais da outra pessoa, mas também para a sua própria.

5 Papéis das pistas não verbais
- **Acentuar:** Elas enfatizam uma mensagem verbal. Por exemplo, bater

na mesa pode sublinhar uma mensagem.
- **Substituição:** Esses gestos podem substituir uma mensagem verbal. Os olhos de uma pessoa, Por exemplo, tipicamente transmitem uma mensagem muito mais vívidado que suas palavras.
- **Repetição:** Ela pode reafirmara mensagem que alguém está fazendo verbalmente.
- **Contradição:** Ela pode não concordar com a mensagem que a pessoa está tentando expressar.
- **Complementar:** Ela talvez complementeou adicione uma mensagem verbal. Quando o seu chefe te dá um tapinha nas costasdepois de lhe fazer um elogio,o impacto da mensagem se torna muito maior.

Tipos de comunicação não verbal e linguagem corporal
Existem vários tipos de comunicação não verbal. Juntas as seguintes pistas não

verbais comunicam o seu interesse nos outros:

Movimentos do corpo e postura

É assim que você percebe pelo jeito que eles falam, sentam, apoiam a cabeça, ou se levantam. É também o jeito que você se movimentapelos lugares transmite uma riqueza de informações para o mundo. Esse tipo de comunicação não verbal consiste de sua postura, posicionamento, sustentação, e ações sutis.

Gestos

Gestos são integrais para a nossa vida diária.Nós apontamos, acenamos, convidamos, e usamos nossas mãos quando falamos animadamente ou quando estamos discutindo—Nos articulamos com gestos frequentemente sem pensar conscientemente.

Expressões faciais

Mesmo sem dizer uma palavra, o rosto humano pode ser extremamente expressivo. E em contraste com alguns tiposde comunicação não verbal, expressões faciais são consideradas universais. Através das culturas, as expressões faciaisde felicidade, raiva, surpresa, tristeza, medo e nojo são as mesmas.

Contato visual

Geralmente, o de visualização é dominante para a maioria das pessoas. Esse é especialmente um tipo de comunicação não verbal. A forma como você olha para uma pessoapode dizer incontáveis coisas, como interesse, atração,hostilidade ou afeição.

Toque

Uma coisa muito importante em comunicação acontece através do toque. Diferentes mensagem são dadas pelos seguintes:Um abraço caloroso, um firme ou fraco aperto de mão, um tímido tapinha no ombro, um tranquilizante tapinha nas costas, ou um aperto firme no seu braço.

Espaço

Talvez tenham havido ocasiões em que você se sentiu desconfortável durante uma conversa com alguém por que ele ou ela estava ficando muito perto, portanto invadindo seu espaço pessoal.Apesar de isso depender da cultura, da proximidade de um relacionamento, ou da situação, todos nós precisamos ocupar uma quantidade de espaço físico. Esse espaço pode ser usado para transmitir muitas variadas mensagens não verbais, como dominancia, agressão, ou sinais de intimidade e afeição.

Voz

As pessoas geralmente concordamque nem tudo se trata do que você diz, mas sim de como você diz. Adicionando à audição de nossas palavras, outras pessoas lêem nossas vozes enquanto falamos. Outras coisas em que elas se concentram incluem, quão alto você fala,seu andamento e tempo, sua inflexão e tom, e sons que comunicam entendimento, Como "uh-huh" e "ahh."Com o tom de voz de alguém, raiva, afeição, sarcasmo,ou confiança podem ser comunicados.

Dicas gerais para ler linguagem corporal
Você pode naturalmente se tornar habilidoso em ler mensagens não verbais

enviadas por outras pessoasuma vez que você desenvolve suas habilidades para lidar com o stress e reconhecer emoções.

- **Olhe para sinais de comunicação não verbais como um grupo.** Não escrutinize uma única pista não verbal ou gesto demais. Considere todos os sinais recebidos. De contato visual a qualidade da voz e linguagem corporal.Levadas em consideração juntas, essas pistas não verbais são consistentes com as palavras que estão expressando?
- **Preste atenção a inconsistências.** Pistas não verbais devem sustentar a verbalização.A pessoa está dizendo uma coisa, mas sua linguagem corporal diz o contrário?Por exemplo eles estão dizendo "sim",mas balançando suas cabeças?
- **Confie nos seus instintos.** Não desconsidereseus sentimentos.Se você sente que a outra pessoa não está sendo completamente verdadeira ou que alguma coisa não está somando,

você talvez esteja notando uma disparidade entre pistas verbais e não verbais.

Capítulo 2: Como Usar Comunicação Não Verbal e Linguagem Corporal para melhorar suas habilidades sociais

Interações sociais bem sucedidassão baseadas amplamente na habilidade de alguém de estabelecere manter empatia,em vez de aspectos técnicos. Empatia é a habilidade de uma pessoa de estabelecer conexão com outrasde uma forma que forasteiros entendam e confiem. É ahabilidade de ver o ponto de vista da outra pessoa,e fazer ele ou ela entender o seu.Ela lubrifica comunicações;uma pessoa tem mais probabilidade de concordar com, comprar com, ou apoiar outra pessoa com quem ela possa se identificar.

Uma forma de estabelecer empatia é fazer uma bemsutil, mas ainda extremamente poderosa linguagem corporal orientada em conformidade, acordo, harmonia, ou afinidade.Esses gestos apoiam alinhamento, concordância, similaridade, ou semelhanças.

Destacando Similaridades

Interagir com as pessoas deve ser feito de duas formas—Ou você destaca suas similaridades ou você destaca suas diferenças. Certamente, existem coisas que vocês sempre compartilham juntos— amigos, ocupações, passatempos, suas crenças e valores, e até o simples fato de ser humano. Da mesma forma,diferenças vão sempre existir— Até clones tem experiências variadas. Destacar suas diferenças vai tornar mais difícil para você estabelecer empatia, enquanto destacar similaridades vai dar caminho para cooperações e geralmente evitar antagonismo ou resistência. Com prática vai eventualmente ser fácil para você descobrir e se concentrar no que você compartilha com a outra pessoa.

Andamento

Por definição, andamento ou combinação é o método de se movimentar como a outra pessoa se movimenta. Ele também é conhecido por estabelecer e manter empatia. Andamento é voltado a aceitar o comportamento de uma pessoa e se encontrar com ela em sua imagem do mundo. É uma forma de subconscientemente minimizar as diferenças entre você e os outros combinando vários diferentes aspectos de comportamento. Por exemplo se a outra pessoa coça o nariz , tente coçar o seu nariz ou descansar o seu braço na mesa também! . É claro que você tem que ser sutil no seu andamento por que uma vez que a outra pessoa perceba que você está combinando o seu comportamento, se transforma em imitação e você talvez seja visto como rude ou insincero. Isso vai certamente impedir o seu estabelecimento de empatia.

Tendo estabelecido empatia, você pode até influenciar o comportamento da outra pessoa sem que ela conscientemente saiba.Para descobrir se você possui empatia, você pode fazer pequenos gestos e observar se ele segue você.Por exemplo, você deve ligeiramente esfregar seu rosto e observar se a outra pessoa faz a mesma coisa.

Gestosquevocêpodecombinar
Em alguns contextos, combinar é um ato que vem naturalmente de todos nós. Tome por exemplo uma pessoa que está tentando falar com uma criança pequena. Você deve ver ela se abaixando ao nível da altura da criança e talvez falando animadamente ou lentamente da forma que a criança faz.Quando você está em um restaurante, Você vai ver casais românticos que parecem estar envolvidos em uma dança.---Eles sorriem e se inclinam de uma forma espelhada.

Posturas corporais
Uma parte do seu corpo, metade do seu corpo ou o seu corpo inteiro pode ser ajustado para combinar com o de outras pessoas. Combinar poses comuns de suas cabeças ou ombros é particularmente útil. Se a postura corporal deles é incomum, entretanto, não tente combinar ela,já que pode parecer rude. Sutileza é a chave.

Respiração

Sim, até respirar pode ser combinado para estabelecer essa conexão. Observe a respiração da pessoa (Através de seu peito, estomago ou abdomem) e combinar a profundidade ou taxa da sua respiração com a dele. Essa é entretanto uma técnica pobre se a pessoa mostrar dificuldade em respirar, já que você talvez sinta os mesmos problemas que ele está passando.

Voz

Combinação de voz é de certa forma difícil de aprender, mas vale a pena. Você pode fazer isso igualando o volume, andamento, tom, timbre,e tipo de palavras da outra pessoa. Para ficar familiarizado com as distinções desse processo auditório, tente ver um programa de TV em uma linguagem estrangeira. Você não precisa entretanto, combinar todos esses aspectos. Você pode escolher um.Quando uma pessoa fala vagarosamente, desacelere; quando ele ou ela falarem de forma macia,mantenha sua voz baixa também.

Capítulo 3: Lendo Linguagem Corporal de Interesses Românticos eEntendendo o que eles estão realmente te dizendo

Você talvez seja uma daquelas pessoas que constantemente perguntam, "Por que ele não me ligou? "Ele gosta de mim?" " O que aconteceu nesse relacionamento?" A resposta para essas perguntas talvezseja revelada se apenas você conduzisse cuidadosamente a observação da linguagem corporal da outra pessoa, enquanto vocês estão fisicamente conversando. É amplamente estabelecido que um dos mais indispensáveis elementos de atração é a linguagem corporal. É portanto necessário estar bem equipado com conhecimento de linguagem corporal para você garantir um lugar seguro na arena do amor, encontros e romance. Conhecer tais assuntos não só vai ajudar grandiosamente vocêa entender e interpretar os gestos do seu parceiro mas também ajudar você a controlar suas próprias expressões não verbais para a sua máxima vantagem.

Os fundamentos da atração de linguagem corporal

É necessário você olhar de volta para as raízes evolucionárias da linguagem corporal para poder entender pistas não verbais de atração dos dias atuais. Cientistas descobriram que nossos ancestrais pré históricos usavam a mesma linguagem corporal que usamos hoje. Cientistas descobriram várias mensagens que os humanos transmitem para seus parceiros em potencial(para serem vistos como atraentes)e estas incluem as seguintes:

- Eu sou aberta.
- Eu sou de fácil aproximação.
- Eu estou interessada.
- Eu sou inofensiva.
- Eu sou fértil.

Mecanismos de atração passo a passo

Primeiro passo: Dê as primeiras impressões certas

Helen Fisher, uma antropologista da Universidade de Rutgers, concluiu em seu estudo que em um segundo o corpo humano pode decidir se alguém é fisicamente atraente ou não.
Então, quais são essas pistas de linguagem corporal que os seres humanos acham mais atraentes?

Disponibilidade: Isso incluiexpressões como braços e pernas não cruzados, sorrir, e olhar direto (Em outras palavras. Não olhando para baixo para telefones ou sapatos). Tanto o macho quanto a fêmea consideram tais pistas não verbais atraentes.

Fertilidade: A evolução fez o corpo humano detectar pistas não verbais que sinalizam juventude e fertilidade.Por sorte, apesar dos atributos físicos imediatos de um indivíduotalvez não sugerirem juventude e fertilidade, estes podem ainda ser ressaltados ajustando sua linguagem corporal. Para um homem, ficar de pé ereto, expandindo os ombros, estabelecendo uma larga distância entre os pés (ligeiramente mais do que a largura dos ombros) e abrir/exibir as mãos são todos sinais de fertilidade. Para uma mulher, inclinar sua cabeça (isso expõeferomonios), deixar seu cabelo cair, e deixar mãos e pulsos evidentes (mostrando a pele macia dos pulsos) são muito atraentes para os homens.

Segundo passo: Atraia a pessoa com seus gestos

No momento que nossos cérebros decidem que alguém é um parceiro em potencial, processos químicos automaticamente começam em nosso corpo para atrair a pessoa.

Isso inclui o bombeamento aumentado de feromonios e mudanças físicas, como rubor das bochechas (Para fazer parecer que ele ou ela está excitado) e dilatação dos lábios (Para fazer uma pessoa parecer mais fértil). Para aumentar a possibilidade de atração, há coisas que nós podemos fazer conscientemente, que é claro, envolvem controlar nossa linguagem corporal.

Se Inclinar para frente: Se inclinar em direção a uma pessoa é a pista não verbal de que se está envolvido. Isso pode ser muito útil especialmente quando você quer mostrar interesseem uma pessoa em particular em um grupo de pessoas. Essa ação subconscientemente atrai a pessoa na sua direção.

Inclinar sua cabeça: Inclinar a cabeça demonstra interesse e envolvimento. Se você está falando com alguém, faça a pessoa saber que você está presente e interessado inclinando sua cabeça e o observando. Se certifique de não olhar acima de sua cabeça ou para os lados, isso demonstra falta de interesse e sensibilidade.

Terceiro passo: Procure pelos sinais

Então, como exatamente você pode saber se os seus sentimentos de atração por alguém são recíprocos? Aqui estão todos os sinais indicadores para procurar por e pelas explicações que cercam suas ocorrências.

Suas palpitações cardíacas aceleram: A frase muito usada "Ele faz o meu coração acelerar" é suportada com uma explicação científica, e é, portanto, não clichê. Pesquisadores descobriram que colocar seus participantes próximos das pessoas que as atraem aumenta suas frequências cardíacas. Curiosamente, esse fenômeno funciona vice versa; Isto é, quando as taxas cardíacas dos sujeitos foram artificialmente aumentadas e quando eles são colocados perto de um estranho, eles acham os estranhos ainda mais atraentes.

Quando você está em um encontro e quer descobrir se o coração do seu parceiro está acelerado, pegar o pulso dele ou dela é obviamente uma má ideia. Entretanto, você pode indiretamente observar issonotando se a velocidade da respiração da pessoa aumenta. Quando você segura a sua mão, enquanto você está prestes a dar um beijo, você vai sentir o calor da sua palma. Isso é um sinal de fluxo sanguíneo aumentado devido a o aumento dos batimentos cardíacos.

A pessoa fica corada e aparenta entusiasmo: Quando nós estamos perto de alguém que achamos atraente, há um aumento no fluxo sanguíneo para o nosso rosto, fazendo nossas bochechas ficarem quentes e vermelhas.Isso é na verdade uma imitação do fluxo que alguém tem ao ter um orgasmo.Essa ocorrência é um método evolucionário de tentar atrair o sexo oposto. Esse é o motivo pelo qual as mulheres usam blush. O fator caloroso e avermelhado também se aplica aos lábios—Quanto mais vermelhos eles são, mais fértil e atraente a pessoa é. A mesma impressão pode ser estabelecida sobre olhos brancos e brilhantes.

As pessoas tem uma questão com sua bolsa: A bolsa é um dos indicadores interessantes das emoções de alguém.Quando uma mulher se sente desconfortável ou não se sente atraída por alguém, ela vai colocar sua bolsa na sua frente como se estivesse cobrindo o corpo, ou ela talvez a segure apertado. Quando ela segura a bolsa livremente, ou quando ela a coloca no chão, no assentoda cadeira ou em uma mesa próxima, ela não quer que a bolsa bloqueie a sua frente.Isso significa que ela está confortável e se sente mais atraída por você. Colocando simplesmente, quando uma mulher está atraída por um homem, ela literalmente e metaforicamente não quer que nada fique entre ela e seu homem. Quando observando o gesto com a bolsa entretanto, note o contexto.Uma mulher deve se apressar em segurar sua bolsa apertado por razões de segurança quando ela está em uma área pública ou potencialmente não segura. Quando você está em um encontro em um lugar casual, esse é um bom indicador.

Os pés da pessoa lhe dizem alguma coisa:
É dito que a atitude de uma pessoa é diretamente refletida na orientação dos seus pés. O objetivo é saber em que direção os pés de um indivíduo estão apontando.Se os pés de alguém estão apontando diretamente para uma pessoa, isso pode ser uma indicação de atração ou interesse genuíno, para dizer o mínimo.Enquanto isso se os pés de uma pessoa estão em direção da saída ou qualquer lugar longe da outra pessoa, provavelmente não há atração.

Capítulo 4: Entendendo relacionamentos com colegas de trabalho, amigos, e parentes através do entendimento da sua linguagem corporal

Há vezes em que você se pergunta se seu amigo está realmente guardando seus segredoscomo o prometido, ou se o seu colega de trabalho está concordando com suas sugestões, ou se o seu filho está dizendo a verdade a respeito de onde ia na outra noite. Você talvez se sinta muito sem apoio durante essas situações por que você somente tem a verbalização deles como seu ponto de referência e parece não haver outro jeito de ter certeza das suas declarações. Não se desespere, entretanto, porque as vezestudo o que é necessário é conhecimento suficiente sobre o que a linguagem corporal deles te fala. Suas palavras são coerentes com seus gestos? Leia a seguir para descobrir.

Posição da cabeça: A orientação da cabeça de uma pessoa é um indicador muito bom de transparência, desaprovação, até arrogância ou audácia.

- **Cabeça neutra** – Essa posição significa ter o queixo e a cabeça no mesmo nível enquanto se conversa. Se a pessoa não está de nenhumaforma assumindo essa posição de propósito, simplesmente significa que ele está neutro sobre o que você está dizendo.

- **Cabeça inclinada** – Quando a cabeça de alguém está inclinada para um lado, isso significa que ele ou ela está aberto para as suas idéias. Essa posição expõe o pescoço, que é um ponto vulnerável do corpo. Isso também faz a pessoa parecer menor, menos ameaçadora, e deixa subentendido que ele ou ela está pronto para se submeter aos sentimentos ou pensamentos da outra pessoa.

- **Cabeça Baixa** – Já reparou o seu pai, professor ou patrão olhando para você através da parte de cima dosóculos com o queixo para baixo?Uma pessoa assumindo essa posição frequentemente quer transmitir criticismo, julgamento, ou desaprovação.

Braços Cruzados: Essa posição geralmente diz que uma pessoa não está aberta para as ideias sendo ditas a ela. Isso é particularmente evidente durante longas reuniões com colegas de trabalho.Quando eles cruzam os braços existem chances de que eles não só estejam se fechando para as idéias das pessoas que falam, mas que eles também talvez tenham uma reação desagradável, apreensiva ou até hostil ao que está sendo dito a eles.

Pegando na orelha: Vamos dizer que você tenha saído para lanchar com o seu melhor amigo e você está falando incessantemente sobre o planejamento das suas férias para o fim de semana. Quanto mais você fala sobre como é ótimo o campo, mais você vê a pessoa tocando em sua orelha.Esse gesto é a forma subconsciente do cérebro de dizer ao corpo para bloquear sons indesejados vindo através das orelhas. Isso significa que a pessoa já ouviu o suficiente, ou não quer mais que você fale sobre a mesma coisa, ou isso podesignificar que a pessoa quer uma chance de falar também.

Esfregando o rosto, pescoço ou pernas: Gestos alternados incluem mudar o peso de um lado para o outro, ligeira inclinação na cabeça, encolher de ombros, dilatação da pupila, e piscadas frequentes.Quando levantando um assunto fundamental, qualquer mudança ou modificação da linha de calmo,(Assim como pistas não verbais mencionadas acima) Significa que a pessoa não está confortável com o assunto em mãos.

Observando uma pessoa desonesta.

Um sorriso apertado e rápido: Um gesto alternativo é um movimento do corpo encaixado crescente. Se imagine em uma cena em que se está dando presentes com asua amiga.Enquanto ela abre o presente, você percebe que ela deu um sorriso forçado, mas entãoo sorriso rapidamente desapareceu. Ou talvez ela o realçou e o deixou de lado rapidamente. Isso mais provavelmente significa que ela está fingindo estar feliz. Um verdadeiro sorriso, pesquisadores dizem, geralmente não congela no rosto e some abruptamente. Ao contrário, "desliza em ondas pelo rosto"

Coçando e tocando o nariz: Isso talvez pareça muito estranho mas as pessoas que não são completamente honestas sobre o que estão dizendo começam a ficar com o nariz coçando. Isso é apoiado por um estudo científico dizendo que em resposta ao stress, uma substânciaquímica chamada Catecolamina é liberada na corrente sanguínea, causando aumento na pressão sanguínea. Isso consequentemente causa um aumento no suprimento de sangue para o nariz deixando ele inchado e coçando.

Mãos ou dedos cobrindo a boca: Imagine você sendo perguntado uma questão difícil pela sua irmã que você não quer responder: " Esse vestido me faz parecer gorda?" " Ele realmente fica bem em mim?" Você tem a vontade de colocar as suas mãos ou os seus dedos sobre a boca enquanto você decide se é ou não completamente verdadeiro sobre isso. Esse gesto frequentemente significa que uma pessoa está guardando alguma coisa pu nãoo quer dizer alguma coisa e mantém a verdade dentro de si.É só uma forma de o nosso cérebro evitar que falemos alguma coisa errada.

Fechando ou esfregando os olhos:álguém já lhe contou uma história que parece inacreditável então você nota que a pessoa que conta fica esfregando seus olhos ou fechando eles por um tempo incomumente longo? Pesquisadores dizem que esse é o jeito de as pessoas evitarem ver sua própria mentira.

Sendo conhecedor sobre indicadores não verbais sem dúvida lhe dá uma idéia mais apurada sobre o que os outros estão realmente pensando. Entretanto, assim como qualquer outra habilidade que em que você quer ser realmente bom, ler linguagem corporal leva tempo, prática e paciência. No final tudo vai valer a pena já que você vai certamente ampliar suas habilidades e forjar melhores relacionamentos com as pessoas.

Capítulo 5: 10 Dicas de Como AperfeiçoarSua Linguagem Corporal Para Construir Uma Poderosa Empatia Ao Conhecer Novas Pessoas.

Não deveria ser tão difícil para você chegar a ter formas de construir empatia através de linguagem corporal adequada.Afinal, você não está mais completamente sem idéia quando se trata de usar linguagem corporal para o seu benefício.Pelo bem de tornar esse eBook detalhado (e tão útil) quanto possível, aqui estão dez dicas sobre aperfeiçoar linguagem corporal para construir empatia com alguém que você acaba de conhecer:

1. Imite a linguagem corporal da outra pessoa (Como foi discutido no Segundo capítulo, interações sociais acontecem mais agradavelmente se há um senso de similaridade entre aqueles engajados nas conversas)

2. Não seja tão rígido. (Até aqueles que não aperfeiçoaram meios de comunicação não verbais sabem que alguém que parece estar congelado em um lugar está tendo problemas se comunicando, por isso, não está pronto para construir empatia)
3. Não falhe em olhar nos olhos da outra pessoa (Como você vai descobrir nos próximos capítulos, manter contato visual está entre as mais poderosas formas de linguagem corporal – especialmente em termos de provar sinceridade)
4. Preste atenção em como você se senta (Tanto quanto ser rígido, sentar da forma errada vai estragar qualquer tentativa de construir empatia– É por isso que é necessário se manter relaxado mesmo enquanto se senta)
5. Acompanhe os seus gestos faciais mas não seja muito consciente sobre cada movimento(em outras palavras você tem que ter certeza que não está se forçando a sorrir ou piscar; simplesmente se previna de mostrar

sinais de raiva, medo, ou qualquer outro sentimento negativo)
6. Não se esqueça de terminar o seu sorriso (Um sorriso genuíno é sempre bom para construir empatia, mas as pessoas tendem a se tornar um pouco cautelosas quando elas veem um sorriso que dura demais – Como os especialistas dizem, sorrisos normais não duram mais de um segundo)
7. Saiba a diferença entre um sorriso e um sorriso forçado (Enquanto um sorriso que dura mais do que um segundo poderia provar ser prejudicial em empreendimentos de construção de empatia, um sorriso que se vai em menos de um quarto de segundo é um sinal certo de falsidade – Isso mesmo, um sorriso excessivamente rápido é na verdade um sorriso amarelo)
8. Evite movimentos desnecessários da cabeça (A menos que você esteja tentando ser conhecidopor parecer confuso, você não deve inclinar a cabeça enquanto interage com alguém.– Manter a cabeça reta e ainda

relaxada é a forma perfeita de se portar)
9. Se movimente para fazer elogios (Acenar ou dar um sinal positivo com o polegar são coisas que não vão ser interpretadas de um jeito negativo.– bem, a não ser que você esteja fazendo isso muito frequentemente)
10. Pense e acredite que já há empatia(Dessa forma você seracapaz de evitar fazer coisas que fazem você parecer esquisito e não digno de confiança; afinal, Você estará agindo da mesma forma que faz com os seus amigos mais próximos)

Capítulo 6: Como instantaneamente AumentarSua Auto Estima E Auto ConfiançaRapidamente Mudando Sua Linguagem Corporal e Estado de Espírito

Interessantemente, linguagem corporal foi descoberta como sendo não meramente uma reflexão das emoções de alguém, mas é mais frequentemente a causa delas. Aprendendo como sua postura, expressões faciais, gestos e até o tom de voz podem influenciar o seu humor, você vai certamente ter uma vantagem em lidar com negociações, apresentações ou até simples interações diárias. Tenha um estado de humor positivo durante o dia seguindo as dicas abaixo.

Projetando uma postura de poder
Como estudos mostram, preencher tanto espaço quanto possível abrindo seu corpo- Conhecido como a "posição de poder"—

Tem uma grande variedade de efeitos de aumento da confiança. Um exemplo de posição de poder seria entrelaçar suas mãos na parte de trás da cabeça e colocar os seus pés na sua escrivaninha. Outro exemplo sutil seria ficar de pé com os pés bem separados, com as mãos nos quadris. Na essência, quanto maior o espaço que você ocupa, mais ponderosa a sua postura é.

Em um estudo conduzido por pesquisadores da Escola da Harvard Business School, Foi descoberto que assumir uma postura de poder por dois minutos antes de uma entrevista aumenta a testosterona, tolerância a dor, capacidade de correr riscos e a fé nas capacidades de liderança de uma pessoa. Em complemento, posições de poder acalmam os nervos a medida que elas abrem a sua respiração.

A mais efetiva entre as posições de poder é a de "formato de estrela", onde os braços e pernas estão bem abertos(Mas é claro, você não iria querer fazer isso quando você está em um lugar público).

Apesar de que ter suas mãos nos seus quadris ou ter suas pernas na sua escrivaninha durante um discurso com certeza não vai dar a impressão certa, você pode ajustar a influencia do seu bate papo ficando ereto e usando gestos expansivos para reforçar a sua confiança.

Fique longe de dispositivos de mão

O tamanho do seu computador pode mudar a sua postura e portanto o seu comportamento. Um estudo recente descobriu que as pessoas que passam mais tempo em uma postura aberta usando um computador de mesa, Desktop ou laptop tem mais probabilidade de serem assertivas comparadas com aquelas em uma postura limitada, usando dispositivos do tamanho de um telefone, comotablets. Colocando de uma forma simples, o tamanho do seu dispositivo importa, já que pode ter efeitos involuntários no seu humor e confiança. Por essa razão, certifique se de evitar o seu tablet ou telefone antes de um telefonema importante ou de um encontro. Não só a falta de distração vai ajudar você a organizar seus pensamentos e se concentrar na questão presente como evitar ser negligente com uma tela de toque vai deixar você mais confiante também.

Preste atenção em suas expressões faciais
Não só pode a orientação de nossas partes do corpo afetar nossas emoções, mas nossas expressões faciais podem também. Um estudo na Itália revelou que as pessoas se tornaram mais agressivas e se sentiram com mais raiva depois de passar um tempo franzindo o rosto sob a luz direta do sol, em comparação com aquelas que tiveram o sol atrás de si ou usaram óculos de sol. Similarmente, algumas pessoas que passaram tempo sorrindo de propósito conseguem se fazer sentir mais positivas. Isso também pode acelerar seu resgate de memórias positivas. O mesmo vale para o tom de voz. Um estudo mostra que falar com um tom de voz mais baixo vai fazer as pessoas se sentirem mais poderosas. Um psicólogo Britânico chama

isso de o princípio " Como se fosse " – Aja como se você se sentisse feliz e confiante, e é provável que você irá verdadeiramente começar a se sentir mais feliz e confiante.

Mantenha um estado de espírito adequado
Está tudo bem se você está achando que ter auto estima e ser confiante é a mesma coisa que pensar que você é invencível. Afinal, muitas pessoas cometem esse erro. Para poder alcançar verdadeira autoestima e autoconfiança, você deve ter vontade de aceitar que você é mais do que capaz das duas coisas –realizar os maiores feitos e cometer os maiores erros. Dessa forma você vai sentir que você está mais do que pronto para enfrentar qualquer coisa, mas você não vai ter medo de falhar. Em outras palavras você vai ter o que a maioria das pessoas chama de " resolução perfeita "

Capítulo 7: Usando linguagem corporal para aumentar a suas habilidades de liderança e influenciar e persuadir os outros

O uso apropriado de linguagem corporal pode aumentar o seu sucesso— alavancar relacionamentos interpessoais ou de negócios, aumentar a sua influência junto a colegas de trabalho ou outros membros de equipe, e pode até deixar você apresentar as suas idéiasmais autoritariamente. Abaixo estão algumas dicas úteis que devem lhe ajudar a projetar credibilidade com sucesso.

Fique alto e ocupe espaço

Como discutido no capítulo 2, assumir a 'postura de poder', Que é exibida através de máxima ocupação de espaço, pode fazer você se sentir mais poderoso e seguro de si. Não se esqueça de manter uma larga posição, manter uma postura ereta, ter joelhos relaxados, e garantir que o centro do seu peso está colocado na parte baixa do seu corpo para fazer você parecer mais 'sólido' e confiante. Se você está sentado, parece mais poderoso mantendo os dois pés planos no chão, expandindo seus braços para longe do seu corpo, e distribuindo seus pertences através da mesa de conferência, para reivindicar mais território.

Abaixe o seu timbre de voz
No lugar de trabalho, a qualidade da sua vozpode ser um forte fator decisivo em como você é percebido. Estudos mostram que oradores com o tom auto são percebidos como menos poderosos, menos empáticos, e mais nervosos do que oradores com tom de voz baixo. Uma técnica fácil para ajustar o timbre é colocar os lábios juntos e dizer "Um hum, um um, um hum." Isso relaxa sua voz e otimiza o timbre. Essa técnica é especialmente útil antes de você se engajar em uma ligação telefônica importante, onde a sua voz é tão importante.

Tentepreparação de poder

Para mostrar confiança e ser retratado como positivo e otimista, se lembre de um sucesso passado que lhe enche de confiança e orgulho. Se lembrar desse sentimento genuíno vai ajudar você a incorporálo enquanto você vai para um palco ou entra em uma sala de reunião.

Mantenha contato visual

Apesar de contato visual extenso talvez não ser apropriado por muitas culturas, pessoas de negócios dos Estados Unidos U.S., Europa, Austrália, e muitos outros países esperam que você estabeleça contato visual de 50 a 60 % do tempo.Siga essa técnica simples para melhorar o contato visual: Sempre que você cumprimentar um colega de negócios, olhe dentro dos olhos dele ou dela por tempo suficiente para notar de que cor eles são.

Fale com suas mãos

Já que o gestual é ligado ao discurso de uma forma integral, é considerado que fazer gestos enquanto você fala aumenta a sua capacidade de pensamento. Faça uma experiência com isso para descobrir como o ato físico de fazer gestos lhe ajuda a criar pensamentos mais claros e fale sentenças mais rigorosas e declarativas.

Capítulo 8: Como Carisma e Linguagem Corporalandam de mãos dadas e como usar linguagem corporal para ter um carisma irresistível

Isso não deve ser uma surpresa – carisma e linguagem corporal são inter relacionados. Afinal, carisma é meramente mostrar um certo tipo de atratividade ou charme e linguagem corporal é principalmente sobre ser agradável e confiável aos olhos das outras pessoas. Qualquer um que é considerado verdadeiramente carismático aperfeiçoou(Seja através de aprendizado ou usando talento natural) as diferentes técnocas de linguagem corporal que reforçam o apelo. Leia adiante para descobrir as formas diferentes de usar linguagem corporal para aumentar o seu carisma.

Use gestosabertos

Manter um movimento relaxado, expondo as palmas da sua mão (o gesto,"veja, eu não tenho nada para esconder") e fazer gestos com os braços abertos, são sinais sutis de franqueza e credibilidade. Fazer gestos abertos torna a pessoa mais persuasiva (comparado a fazer gestos fechados). Além disso, manter seus braços no nível da cintura, e gesticular nesse plano vai fazer as pessoas perceberem você como confiável e seguro.

Reduza gestos nervosos

Se você está nervoso ou estressado e se pega esfregando as mãos juntas, batendo seus pés, tocando bateria com seus dedos ou brincando com suas jóias, e assim por diante, respire fundo e se estabilize colocando seus pés firmemente no chão. E sua palma da mão no seu colo ou na escrivaninha. Quietude transmite a mensagem de que você é calmo e confiante.

Sorria

O cérebro humano é atraído por rostos felizes, e é programado para reconhecer um sorriso a 90 metros— a extensão de um campo de futebol. Além de estimular o seu próprio senso de bem estar, sorrir também diz às pessoas à sua volta que você é confiável e acessível.

Aperfeiçõe o aperto de mão ideal

O toque é considerado a pista primitiva não verbal mais poderosa então vale a pena dedicar tempo para desenvolver um bom aperto de mão.Isso pode lhe dar credibilidade instantaneaenquanto o aperto de mão errado talvez lhe custe a você o seu emprego ou promoção. Então certifique se de não dar um aperto de mão "quebra ossos", ou "peixe morto."

Capítulo 9: Dicas Para Aumentar Sua Confiança Nas Suas Habilidades De Comunicação E Habilidade De Falar Diante Dos Outros Com Linguagem Corporal Apropriada

Falar na frente dos outrosé, para muitas pessoas, uma coisa difícil de fazer.Para "falar em público" com stress, medo e outras coisas negativas, Você deve provavelmente tirar vantagem do poder de aumentar a sua confiança que tem a linguagem corporal. Fazendo isso, você não vai se sentir mal por não ser o melhor orador e você vai perceber que é muito melhor do que acha que é. Aqui estão as quatro técnicas de linguagem corporal que podem tornar qualquer pessoa instantaneamente mais confianteem se comunicar com os outros:

- Não seja desleixado (Quando quer que seja que você falhe em ficar ereto, sua mente manda sinais de inferioridade,

tornando você incapaz de fazer as coisas bem – mesmo que você seja mais do que capaz de alcançar sucesso.)
- Nunca esconda suas mãos (o problema em esconder suas mãos, particularmente dentro dos seus bolsos, é que você não está escondendo o seu nervosismo de si mesmo; no máximo você só consegue esconder dos outros)
- Olhe para a pessoa com quem você está falando (Essa lembrança de linguagem corporal tem sido repetida várias vezes nesse livro, o que por sua vez, significa que é tão importante assim – Mesmo quando se trata de aumentar a confiança enquanto se fala)
- Mesmo enquanto você anda, não olhe para baixo (se é tão difícil olhar nos olhos das outras pessoas, simplesmente mantenha a sua cabeça erguida; Dessa forma você está condicionando a sua mente a pensar que você está pelo menos pronto para encarar desafios)

Capítulo 10: Rapida Lista de Verificação Para Garantir Que Você Está Mandando A Mensagem Certa Com A Sua Linguagem Corporal

A esta altura, você deve estar com muito mais conhecimento quando se trata deexplorer o mundo da linguagem corporal.Entretanto é compreensível se você ainda está incerto se o quevocê está fazendo realmente funciona. Se você gostaria de ter certeza que você está mandando a mensagem certa, você deveria ver essa lista de verificação de tempo em tempo. (Quanto mais afirmativas você "marcar," mais precisa sua linguagem corporal é):

- Siga a regra do contato visual
- Evite ser inquieto enquanto fala
- Tenteimitar a outrapessoa
- A conversação não está se tornando tensa

- Os envolvidos na interação não estão começando a mostrar sinais (Através de linguagem Corporal) de desonestidade, dúvida ou confusão
- A interação termina de uma maneira agradável
- Uma conversa seguinte é marcada

Conclusão

Obrigada novamente por adquirir esse livro a respeito de linguagem corporal, particularmente a respeito da ligação entre comunicação não verbal, interações sociais, e auto confiança.

Eu estou extremamente animada em passar essa informação a diante para você, e eu estou muito feliz que você agora leu e pode esperançosamente implementar essas estratégias indo adiante.

Eu espero que este livro tenha sido capaz de ajudar você a entender o que significa linguagem corporal e a usa la como um elemento crucial das suas interações sociais com as pessoas.

O próximo passo é começar a usar essa informação e esperançosamente viver uma vida mais significativa!

Por favor não seja alguém que apenas lê essa informação e não a coloca em prática. As estratégias nesse livro só vão lhe beneficiar se você usar elas!

Se você sabe de mais alguém que poderia se beneficiar da informação apresentada aqui, por favor informe a eles sobre este livro.

Finalmente, se você gostou deste livro e sente que ele adicionou valor à sua vida de alguma forma, por favor tire um tempo para compartilhar seus pensamentos e postar uma crítica na Amazon. Isso seria muito apreciado!

Obrigada e boa sorte!

Parte 2

Introdução

As pessoas pensam que as únicas necessidades da vida são comida, água e abrigo. No entanto, existem outras coisas igualmente importantes.
Uma delas é a comunicação. Sem isso, não saberíamos o que comer, onde encontrar água ou como construir uma casa.

O que é a comunicação

A comunicação é uma troca de mensagens entre duas ou mais pessoas. Não há como a comunicação ocorrer se houver apenas uma única pessoa envolvida.
Conversar, ouvir rádio, ver uma placa de trânsito, olhar para um anúncio no jornal, etc., são todas formas de comunicação.
Uma coisa que você deve considerar ao enviar sua mensagem é seu canal de comunicação. Caso contrário, sua mensagem pode não chegar ao receptor. Por exemplo, você não faria um telefonema se quisesses dar uma bronca

em alguém. Em vez disso, encontrar-se pessoalmente seria sua melhor aposta.

Ao mesmo tempo, você deve garantir que sua mensagem seja clara para não confundir o receptor. Enviar mensagens ambíguas é uma violação de uma das mais importantes regras de comunicação (embora ninguém seja preso por este crime).

Quando o seu receptor recebe a mensagem, ele tem uma ordem para mostrar que entendeu o que você estava tentando comunicar. Ele pode fazer isso acenando a cabeça, respondendo através da fala, etc. Contudo, nem todas as mensagens precisam de feedback.

Os tipos de comunicação

A partir da definição acima, é fácil ver que há várias maneiras de se comunicar. Porém, discutiremos apenas as três mais comuns:

1. Comunicação escrita

Desde que você saiba ler e escrever, a escrita é uma das formas mais comuns de comunicação que você pode usar. Ela inclui livros, jornais, conversas em redes sociais, etc.

Mas ser uma das formas mais comuns não torna esse tipo de comunicação superior.

A escrita só é adequada em algumas situações. Um dos pontos positivos é o fato de você poder reescrever sua mensagem até que ela fique clara. Além disso, é fácil manter esse tipo de material para futuras referências.

2. Comunicação Verbal

Comunicar-se verbalmente envolve o uso da voz para levar suas mensagens aos ouvintes. Você pode pensar em participar de reuniões, ouvir rádio, conversar pessoalmente com um amigo etc.

A melhor parte da comunicação verbal é o feedback instantâneo. Portanto, se sua mensagem não estiver clara, você poderá fazer correções. Outra questão é que você pode deduzir como o receptor reagiu à sua mensagem.

3. Linguagem corporal

Uma forma de comunicação que é ignorada na maior parte das vezes diz respeito à linguagem corporal. Embora o corpo não tenha uma boca própria, ele diz muito sobre o que está acontecendo em sua mente.

Querendo ou não, seu corpo está sempre falando. Somente quando você está ciente do que o seu corpo diz é que você pode ter o controle e influenciar o que outras pessoas entendem da sua linguagem corporal.

Alguns exemplos de linguagem corporal incluem cerrar o punho quando zangado, revirar os olhos, cruzar os braços como um sinal de resistência, etc.

A importância da linguagem corporal

Ao longo de anos de evolução, nós melhoramos a forma como usamos as palavras. No entanto, isso não deve ser uma desculpa para negligenciar a única coisa que ajudou os humanos a sobreviver desde o início dos tempos - a linguagem corporal.

Estudos mostram que mais de 70% da nossa comunicação é não-verbal. Outro fato surpreendente é que todos acreditam mais na comunicação não-verbal do que nas palavras que estão sendo ditas.

Se você diz que está feliz enquanto seu rosto está enviando uma mensagem contraditória, a outra pessoa vai perceber imediatamente. Ela vai entender essa mensagem mesmo sem ter a consciência de que está fazendo a leitura da linguagem corporal.

Alguns dos gestos que fazemos são universais em todo o mundo. Mas, ao mesmo tempo, a linguagem corporal varia de acordo com a região. O que pode ser um simples gesto na sua cultura pode causar um impacto em outras culturas.

<u>Por que você deve aprender a usar a linguagem corporal</u>

Se você quer ter sucesso na vida, é crucial que você entenda como usar a linguagem corporal. Como a comunicação é uma parte importante da vida cotidiana, você precisará ser bom nisso.

Você usará a linguagem corporal principalmente para influenciar as pessoas ao seu redor. Pense em uma entrevista de emprego, por exemplo.

Geralmente, não é a pessoa mais qualificada que consegue o emprego. E também não é aquele que dá as melhores respostas. Pelo contrário, é aquele que sabe como usar a linguagem corporal para convencer os entrevistadores de que ele pode fazer o trabalho melhor que ninguém.

Se você aprender a usar a linguagem corporal corretamente, você se tornará alguém confiante. As pessoas não terão dificuldade em confiar em suas ideias.

Além disso, fazer amigos será uma tarefa mais fácil. Mostrar-se como alguém aberto e sociável não é fácil quando você está usando apenas palavras. Mas, com a linguagem corporal, você pode se tornar um ímã de pessoas.

Todavia, aprender a usar a linguagem corporal requer que você entenda o que as outras pessoas estão dizendo com a linguagem corporal delas. Dessa forma, você achará fácil responder e influenciar essas pessoas.

O poder da voz

Quando nos prepararamos para uma apresentação, gastamos muita energia planejando um discurso perfeito. No entanto, você está bem ciente de que não são apenas as palavras que importam. Sua linguagem corporal desempenha um papel importante em levar suas ideias para casa.

Um dos instrumentos mais simples que as pessoas não conseguem usar ao tentar impressionar os outros é a voz.

O modo como você utiliza sua voz pode aumentar ou diminuir suas chances de influenciar as pessoas ao seu redor. Com a sua voz, você pode ou não atrair a atenção de todos.

Com a sua voz, você pode deixar suas ideias parecerem mais interessantes e fazer as pessoas confiarem em você. Você pode enfatizar os pontos que deseja que as pessoas se lembrem no momento em que forem dormir.

Usando a voz

Na maioria das vezes, usar a voz na linguagem corporal envolve 3 coisas: a velocidade com que você diz suas palavras, a entonação e o alcance.

Alcance

Diz respeito a quão alto ou baixo sua voz soa. O alcance é determinado pela tensão das suas cordas vocais.

Se você quiser produzir um som agudo, as cordas vocais devem ficar mais apertadas. Pelo contrário, se você quiser um som baixo, as cordas vocais devem ficar relaxadas.

Quando você está com medo ou muito empolgado, suas cordas vocais vão se apertar automaticamente, dando um som agudo à sua voz.

Porém, esse tipo de som geralmente está associado a pessoas que não têm autoridade. Assim, é melhor você diminuir o tom de sua voz ou então as pessoas não vão te levar a sério.

Entonação

É quando você aumenta e diminui o volume enquanto fala. Muitos não conseguem usar a entonação de maneira adequada. Falar de um jeito monótono faz você acabar soando como um robô. As pessoas ficam entediadas com alguém falando assim, então elas param de ouvir o que você está dizendo.

Ao diminuir e aumentar o volume enquanto fala, você cativa seu público. Se isso ocorrer enquanto os ouvintes estiverem com sono, eles se esforçarão para permanecer acordados. Dessa maneira, você conseguirá transmitir suas ideias.

Velocidade

A velocidade com que você diz suas palavras também pode ter um impacto sobre as pessoas. Um erro comum é pensar que, se você parar, as pessoas ficarão irritadas. Contudo, falar sem pausas deixa as pessoas entediadas. Todos precisam de uma pausa para entender o que você está dizendo.

Então, mesmo quando você não tem tempo, não se apresse. Fale como se você estivesse conversando com um amigo. Você se tornará alguém confiante e as pessoas acharão fácil confiar em suas ideias.

Uma coisa que você deve lembrar se quiser ter controle sobre sua voz é a maneira como respira. Lembre-se, para produzir som, você precisa respirar. Então, se a sua respiração é irregular, você ficará sem ar no meio das frases, passando a imagem de alguém que está assustado e não merece confiança.

Você também deve procurar manter uma boa postura, pois isso também é algo que afeta o seu som.

Entendendo a postura

A verdade é que muitos não sabem ler o significado dos diferentes tipos de postura. No entanto, esta é uma parte da leitura da linguagem corporal que não pode passar em branco.

Normalmente, a postura é determinada pelo subconsciente, tornando difícil para qualquer pessoa perceber as mensagens que ela própria está enviando para os outros.

Com uma má postura, você será visto como alguém sem confiança, triste ou até mesmo preguiçoso. Se você está tentando convencer os outros a seguir suas ideias, suas chances de sucesso serão reduzidas significativamente.

As pessoas confiam naqueles que possuem auto-confiança.

Significados de diferentes posturas

A postura é um dos aspectos da linguagem corporal que é universal na maioria das culturas. Uma pessoa que está triste em Londres provavelmente se sentará da mesma maneira que alguém que está triste na Califórnia.

Isso porque essas diferentes posturas estão enraizadas em nossas veias há séculos. E, gostando ou não, você usa essas posturas todos os dias.

Entender o significado de diferentes maneiras de se sentar permitirá que você se apresente como alguém que tem autoridade.

Braços cruzados sobre o peito - da próxima vez que você estiver conversando com alguém que tenha os braços cruzados sobre o peito, saiba que essa pessoas está tentando te dizer alguma coisa. Fica de pé ou sentado nessa posição mostra que a pessoa está se defendendo.

Essa pessoa também pode adotar essa postura para mantê-lo afastado se achar sua presença irritante. Então esta é sua lição: evite cruzar os braços sobre o peito. Você só deve usar essa posição quando quiser impedir que as pessoas se aproximem de você.

Braços nos bolsos ou nos lados - quando alguém está se sentindo inseguro ou nervoso, é comum colocar as mãos nos bolsos. Se não for o caso, a pessoa vai deixar as mãos de fora de maneira firme.

Ficar em um só pé - Você pode ver uma pessoa encostada em uma parede com todo seu peso em um pé. Não é necessário dizer que todo mundo faz isso o tempo todo. Essa postura indica que você está simplesmente tentando relaxar.

Colocando as mãos nos joelhos - quando você está sentado e, de repente, você coloca as mãos nos joelhos, isso indica o seu desejo de sair. Pode ser que a conversa tenha chegado ao fim ou que você não veja necessidade de continuar sentado.

Apontando os pés em uma direção - fazer isso quando você está em pé também mostra que você gostaria de sair. Isso pode ser feito com os dois pés ou apenas um.

Apertar os dedos - se você apertar seus dedos uns contra os outros próximo da área abdominal, você envia sinais de que está tentando se manter no controle. Pode ser que você esteja em uma situação que te faça sentir como se estivesse explodindo.

Palmas nos quadris - colocar a palma da mão nos quadris mostra que você está esperando pacientemente que algo aconteça.

Descansar encostando a coluna - quando você se senta em uma cadeira descansando de costas com as pernas quase esticadas, você se encontra em outra posição que todo mundo adota quando relaxa.

Inclinar-se para frente - quando você está sentado de frente para alguém, inclinar-se para frente mostra seu interesse na pessoa ou no que ela está dizendo. No entanto, tenha cuidado para não exagerar pois você corre o risco de invadir o espaço pessoal do outro, o que deixará a pessoa desconfortável.

No entanto, há uma coisa sobre a postura que você precisa dominar. Ao fazer isso, você parecerá confiante, facilitando a confiança das pessoas em você.

Tudo o que você precisa fazer é aprender a ficar de pé ou sentado. Seus ombros devem estar sempre alinhados com suas orelhas.

Para dominar isso, imagine que você está sendo puxado para cima por uma corda presa ao seu peito. Com o tempo, você vai ter o domínio de ficar em pé dessa maneira.

Uma má postura não afeta apenas sua imagem, mas também é ruim para sua saúde. Então, se você estiver carregando todos os problemas do mundo em seus ombros, é hora de se imaginar abandonando tudo e começar a ficar em pé direito.

Usando os olhos

As pessoas dizem que os olhos são as janelas de uma alma mentirosa. Uma pessoa pode ver através de você a falta de sinceridade com suas palavras.

Com isso em mente, é importante aprender a fazer bom uso dos olhos. Se você usá-los da maneira certa, as pessoas vão se apaixonar pelo que você está dizendo. Ao mesmo tempo, se você fizer o oposto, espere o pior.

Normalmente, as pessoas concentram-se nos olhos quando conversam e ouvem, já que olhar para outras partes do corpo pode ser visto como rude na maioria das culturas.

Olhar para cima – quando alguém olha para cima, isso indica que a pessoa está pensando. Se os olhos estão para cima e olhando para a direita, essa pessoa está tentando lembrar algo da memória. Se os olhos estão para cima, mas voltados para a esquerda, a pessoa provavelmente está tentando inventar alguma coisa. Na maioria dos casos, os olhos constantemente voltados para cima e para a esquerda durante uma conversa sinalizam um mentiroso.

Olhar para baixo - as pessoas geralmente olham para baixo como um sinal de submissão. Isso acontecerá inconscientemente quando encontrar alguém que você sabe que não pode derrotar.

Encarar - se você encara alguma coisa, isso significa que toda a sua atenção está focada naquilo. Da próxima vez que você quiser direcionar a atenção das pessoas para algo, simplesmente encare para aquela direção. Subconscientemente, eles seguirão seus olhos para ver o que você está olhando. Por outro lado, olhar para o corpo de alguém é um sinal de luxúria na maioria das culturas.

Olharde relance - fazer isso mostra que você está interessado nessa coisa. Por exemplo, um homem continuará olhando de relance para uma mulher se ele a achar atraente. Da mesma forma, você continuará olhando para a porta quando quiser expressar seu desejo de sair.

Contato comosolhos - esta é uma das coisas mais importantes que você deve aprender sobre como se comunicar com seus olhos. Isso mostra que você está interessado no que alguém está dizendo. Sem isso, a outra pessoa pode achar que você acha a presença dela chata e que sua mente está pensando em outra coisa.

Então, quando estiver conversando com alguém, faça questão de garantir que você tenha contato visual com a pessoa. No entanto, perceba que é normal quebrar o contato visual de vez em quando. Se você prolongá-lo, será confundido com uma ameaça, fazendo com que a outra pessoa se sinta desconfortável.

Não fazer contato visual é sinal de muitas coisas. Pode significar que você está mentindo para não ser descoberto. No entanto, bons mentirosos olham para você a fim de evitar serem detectados. Mas o contato visual será por mais tempo do que você consideraria normal.

Em outros casos, deixar de fazer contato visual também pode ser um sinal de insegurança.

Conversando com as mãos

As mãos são provavelmente uma das partes mais importantes do corpo. Eu pude escrever isso por causa das minhas mãos. Você está lendo este livro porque suas mãos são capazes de segurá-lo e folhear as páginas.

No entanto, suas mãos não estão limitadas apenas a essas atividades. É possível usá-las para influenciar as pessoas ao seu redor se você aprender a fazer isso corretamente.

Aprender a falar com as mãos não é tão complicado quanto muitos pensam. De fato, dominar o uso de suas mãos para influenciar os outros é fácil quando você está comprometido em ser bom nisso.

Utilização das suas Mãos

Como em qualquer coisa, você deve saber o significado das mensagens que enviará com as mãos antes mesmo de pensar em falar com elas.

Esfregando as mãos - você verá esse gesto feito por pessoas quando estiverem esperando algo positivo. A intensidade da fricção indica quanta energia eles têm para isso; esfregar rápido mostra mais ânimo do que a fricção menos excessiva.

Apoiando a cabeça com as mãos - o significado que você pode transmitir com esse gesto difere dependendo de como suas mãos estão posicionadas. Mas geralmente, é um sinal de tédio. Isso mostra que você está tentando ao máximo se atentar para o que está ouvindo, mas está achando difícil se concentrar.

Bater os dedos - quando alguém está esperando ansiosamente que algo aconteça, essa pessoa irá bater os dedos. Isso pode acontecer quando você está preso no trânsito, onde você dá tapinhas no volante.

A torre das mãos - nesta posição, suas mãos se parecerão com a postura que você adota quando reza. Você verá que isso é feito principalmente por gerentes e outras pessoas em posição. Essa torre mostra que você tem muita confiança e é usada principalmente enquanto se fala.

A torre inversa com as mãos - é semelhante à torre mencionada anteriormente, exceto pelo fato de que suas mãos formam um triângulo de cabeça para baixo. Ao olhar para este gesto, ele dá a mesma imagem de alguém que está confiante. No entanto, isso é usado quando você está ouvindo.

Segurando as Mãos Atrás das Costas - isso pode ter muitos significados dependendo de como você está segurando suas mãos. Se você tem uma palma da mão segurando a outra mão, isso simplesmente mostra sua superioridade e confiança. Você vai ver isso nas forças armadas, membros de uma família real e outras pessoas poderosas.

Quando você tem uma mão segurando seu pulso, é um sinal de que você está com raiva e está se esforçando para se controlar.

Mostrando o polegar - sempre que alguém mostra apenas os polegares, essa pessoa está dando uma mensagem de seu domínio e superioridade. Pode ser que as mãos estejam nos bolsos e apenas os polegares estejam visíveis.

Ao conversar, as pessoas usarão as mãos para enfatizar um ponto, incentivar a outra pessoa a fazer algo, etc. Para se tornar melhor em falar com as mãos, observe como você as usa quando está com amigos.

Será possível notar que isso acontece antes mesmo de você pensar nos gestos. Se você puder fazer o mesmo quando estiver com outras pessoas, ficará bom nisso. Saiba apenas que vai levar tempo e muita prática.

Entendendo o uso de expressões faciais

O rosto possui mais expressões do que qualquer outra parte do corpo. Além disso, não é fácil enganar as pessoas com o rosto. Se você está triste, forçar um sorriso não vai fazer você parecer feliz.

Isso ocorre porque suas emoções e o cérebro controlam muito do que você diz com seu rosto.

Por exemplo, quando você estiver irritado, seu rosto ficará vermelho. Não importa o quanto você tente esconder isso, qualquer um notará que você está com raiva. Isso é resultado de um aumento no sangue de todas as partes do corpo, incluindo o rosto.

Então, no final, você fica vermelho. Este é um instinto inato para alertar outras pessoas que, se não recuarem, vão se machucar.

Nesse sentido, não há como impedir que outras expressões faciais aconteçam.

No entanto, isso não significa que não há nada que você possa fazer. Algumas expressões faciais podem ser controladas através da aprendizagem. Ademais, a maioria delas acontece rapidamente, tornando difícil para todos verem exatamente o que está acontecendo em sua mente.

O truque é saber o que significam diferentes expressões faciais. Você pode usar um espelho para imitar essas expressões e desfazê-las sem parecer que está forçando as mesmas.

Mas de todas as coisas que você pode fazer com o seu rosto, a única coisa em que você deve ser bom é sorrir. Dominar a arte de produzir um sorriso convincente quando você não está interessado não é fácil.

Se as pessoas com quem você está falando detectarem que está fingindo, perderá a confiança delas. Além disso, você não terá nenhuma chance de convencê-las a fazer o que você queria que elas fizessem.

Como você já deve saber, você precisará praticar sorrindo se quiser ficar bom nisso. Então pegue um espelho e veja como você fica quando sorri. Se você não gosta do que vê, é importante fazer algumas melhorias.

Eu recomendaria que você começasse com algumas fotos antigas. Compare as que você estava realmente feliz com aquelas que você se forçou a sorrir.

Imite a maneira como você pareceu naquelas fotos que você estava feliz. Não coloque todo o seu foco na boca. Preste também atenção aos olhos, pois eles ajudam a tornar o seu sorriso genuíno.

Você sentirá que suas maçãs do rosto se erguerão ao sorrir com seus olhos.

Para acelerar o processo de aprendizagem, lembre-se de momentos que fizeram você se sentir bem, pois você estará praticando como sorrir.

Você deve, no entanto, ter em mente que dominar a arte de sorrir não vai acontecer da noite para o dia. Saiba apenas que vai levar tempo e muita prática.

Depois de se sentir confiante, tente sorrir em suas conversas diárias. As pessoas vão te achar amigável. Se eles estiverem nervosos por estarem em sua presença, você os fará se sentir em casa.

Usando a cabeça

Por ser uma das partes mais proeminentes do corpo, você deve levar tempo aprendendo a usar a cabeça. Com ela, você pode incentivar alguém a se abrir para suas ideias, que ajudarão você a atingir seu objetivo.

Embora você esteja limitado no que pode fazer com a sua cabeça, ainda há muito que você fazer com ela. Então, sem mais delongas, vamos ver o que a cabeça pode fazer além de pensar:

Abaixar a cabeça

Abaixar a cabeça pode significar muitas coisas dependendo da situação que você está enfrentando. Uma das primeiras impressões que uma cabeça abaixada dará é que você está se defendendo.

Pode ser que você se sinta ameaçado por alguém ou algo próximo a você. Você adotará essa posição automaticamente, protegendo seu pescoço e outras partes vulneráveis.

No entanto, uma cabeça abaixada também pode indicar que você está cansado e quer dormir.

Levantar a cabeça

Isso envia mensagens que significam o oposto de uma cabeça abaixada. Levantar a cabeça é visto como um sinal de confiança. Ao mesmo tempo, você também usará essa postura ao desafiar alguém. Em algumas situações, levantar a cabeça indicará que você está interessado em algo que acabou de acontecer.

Contudo, se a cabeça percorrer todo o caminho para olhar para o teto, você está dizendo às pessoas ao redor que você está entediado.

Acenar

Esse é outro movimento da cabeça que adotamos desde o dia em que nascemos. Acenar é uma maneira de mostrar sua concordância com alguma coisa.

Pode ser o que alguém está dizendo, fazendo, etc. Quanto mais rápido você acenar com a cabeça, mais você concorda com o que está acontecendo.

Você também pode acenar enquanto fala para fazer a outra pessoa concordar com o que você está dizendo. E na maioria das vezes, esse truque funciona muito bem.

Novamente, você também pode acenar com a cabeça quando alguém está falando, a fim de incentivá-la a continuar com o que ela está dizendo. Isso não apenas mostra seu interesse pelas ideias dela, mas também faz com que ela se sinta à vontade para conversar com você.

Inclinar a cabeça

Você pode inclinar a cabeça de várias maneiras. Mas se você inclinar para frente, isso mostra que está curioso com o que está acontecendo. Você pode aplicar esse truque para indicar que deseja saber mais sobre o que alguém acabou de dizer.

Agitando de um lado para o outro

Até os bebês sabem como usar esse gesto desde o dia em que nascem. Portanto, não é de surpreender que seja um dos gestos mais comumente conhecidos que você pode fazer. Isso mostra sua discordância com algo ou alguém.

Quanto mais rápido você fizer, maior a intensidade do seu desacordo.

Reconhecendo seu processo de pensamento

"A vida é como um jogo de xadrez. Para ganhar você tem que fazer um movimento. Saber qual movimento fazer vem com visão, conhecimento e com a aprendizagem de lições que são acumuladas ao longo do caminho. Nós nos tornamos cada peça do jogo chamada vida! "- Allan Rufus

Vamos começar falando sobre o que significa entender a si mesmo em oposição ao que significa entender seu processo de pensamento.

A maioria das pessoas não consegue distinguir e tende a pensar que a sua personalidade e a sua mentalidade são basicamente a mesma coisa. Isso é o mesmo que pensar que o comunismo e o socialismo são a mesma coisa - é fundamentalmente impreciso, e, no entanto, os conceitos parecem tão semelhantes quando vistos de relance que você não pode realmente culpar ninguém por misturar os dois.

A maneira mais fácil de entender a diferença é primeiro entender como eles se relacionam - a sua mentalidade é a maneira que você escolhe ver as coisas, não é contrária à opinião popular como um processo fixo, mas sim um processo em constante evolução. Sua mentalidade muda em todos os grandes eventos da vida, algo aparentemente insignificante como uma conversa com um homem sem-teto em um canto do parque pode mudar a maneira como você vê as coisas, e é essa percepção das coisas que o define como pessoa.

Então, basicamente, sua "personalidade" é a soma total das mentalidades em constante evolução que você teve - e é por isso que é tão importante reconhecer o tipo de processo de pensamento que você tem agora, e quais aspectos de sua personalidade esse processo de pensamento está afetando e, finalmente, como você pode moldar seu processo de pensamento para algo que é mais positivo e produtivo para você como pessoa.

Agora, existem cerca de um milhão de maneiras diferentes de diferenciar os processos de pensamento - para muitos de nós isso se torna ainda mais complicado, porque na verdade somos mais uma mistura de dois ou mais desses tipos, mas, por simplicidade, vamos colocá-los em três grupos principais e explicar como cada um deles funciona para que você possa reconhecer qual tipo é mais parecido com você.

Pronto?

Vamos lá.

As três mentalidades sobre as quais falaremos hoje são:

1. A mente protetora
2. A Mente Projetiva
3. A Mente Conflituosa

A Mente Protetora:

A mentalidade protetora é realmente o processo de pensamento mais comum visto em adultos e adolescentes desta geração. Por causa do modo como os eventos mundiais se desenrolaram, pessoas de todo o mundo perderam sua confiança coletiva um no outro. Os hippies dos anos 60 foram substituídos pelos cínicos modernos - e a questão é que tendemos a pensar que estamos em melhor situação para isso.

A forma como a Mente Protetora age nos faz sentir como a negatividade que passa através do nosso processo de pensamento é um mal necessário, algo que precisamos para sobreviver - como uma verificação da realidade constante: "Você tem *certeza* de que pode fazer isso?" "Isso *realmente* vai funcionar?", "Será que valeria a pena o esforço?" etc.

E a razão pela qual cedemos tão facilmente é geralmente porque parece tão razoável, e tão maduro - por que devemos pensar cuidadosamente nos prós e contras de um plano antes de executá-lo, certo? Bem, sim - mas é tão importante, se não mais, manter toda essa negatividade borbulhante sob controle - do contrário, você vai de cauteloso a paranoico em sessenta segundos - e a história do copo meio vazio pode ficar realmente cansativa.

Outra coisa a lembrar é que o pensamento negativo tende a gerar negatividade em sua vida cotidiana, permitindo que o seu pessimismo interior ocorra excessivamente, o que significa que você está se deixando aberto a se tornar um velho que está apavorado demais para dizer 'Sim' para qualquer coisa!

A Mente Projetiva

Em seguida, a Mente Projetiva - essa mente mais comumente chamada de Mente Positiva é, literalmente, a mais rara das mentalidades, o que é irônico, dado que é exatamente o tipo de mentalidade que você quer construir.

Simplesmente coloque a Mente Projetiva no lado oposto da Mente Protetora, onde tudo é arco-íris e unicórnios e faz parecer que "tudo vai dar certo!" - e isso não é uma coisa ruim, a capacidade de manter um ponto de vista otimista enquanto você lida com questões da vida real, assim como desastres maiores e menores significam apenas uma coisa - você tem coragem.

Tendo dito isso, é importante ter certeza do seu otimismo, você está escolhendo fazer escolhas positivas ao invés de simplesmente ficar alheio ao óbvio porque você está deixando o seu ego falar com você sobre o impossível!

A Mente Conflituosa:

O terceiro padrão de pensamento em nossos 'Processos de Pensamento para Leigos' é na verdade mais uma mistura dos dois padrões de pensamento que já discutimos - apenas, em vez de captar os melhores traços de cada um, essa versão dos padrões de pensamento humanos é basicamente a versão amplificada de todos os extremos que cada um tem.

Para colocá-lo em termos leigos, a mente conflituosa é como se seu melhor amigo o estimulasse a participar de um grande show, apenas para, uma hora antes, se mostrar aterrorizado por estar em um espaço tão lotado, e continuar falando de todas as maneiras sobre como ir ao show é realmente uma má ideia.

Só que não se trata apenas de um concerto aleatório - mentes conflitantes colhem essa confusão total e a projetam em todos os lugares, até que você não pode sequer sair e comprar um par de sapatos sem ter um mini-ataque de pânico.

Basicamente, o que acontece é que os pares mentais conflitantes entendem a paranoia da mente protetora, ou seja, a negatividade em você com a existência teórica de um "mundo encantado" em sua mente projetiva. Ela então se senta e observa você ir de um extremo ao outro, o que pode soar absolutamente hilário, mas se trata de algo ruim.

Os pensadores em conflito geralmente ficam tão confusos que não conseguem se conformar com uma única decisão sem assistência de terceiros - condenando-os à vida em um pêndulo perene balançando de um extremo a outro.

Agora, vamos ser francos - o seu trabalho aqui era reconhecer qual padrão espelha mais o seu processo de pensamento.

Supondo que você tenha feito isso, você provavelmente também percebeu que nenhuma dessas três são mentalidades particularmente atraentes para lidar - e, no entanto, elas são exatamente com as quais temos que lidar.

Você não quer ser paranoico, esquecido ou os dois. Não se você puder evitar - e é aqui que nós entramos - o que você precisa entender é que nenhum dos padrões de pensamento é exatamente "ruim" por si só, especialmente se eles são seguidos com moderação, mas são "inúteis" quando começam a penetrar em todo pensamento que você tem.

É o quanto você permite que esses processos de pensamento específicos sobrecarreguem sua própria mentalidade -

essa é a questão - você tem a capacidade de escolher como você vai perceber um determinado problema, você só precisa entender como controlar seus pensamentos.

Mas, estou me adiantando, você agora aponta como pensa - se você vai mudar sua maneira de pensar, primeiro você precisa entender porque é que você começou a pensar dessa maneira particular.

Você precisa reconhecer as nuances específicas que controlam seu processo de pensamento e os eventos que levaram a esses botões de acionamento específicos.

Pronto?

Continue então!

Compreender o seu processo de pensamento

"Pare de procurar por restos de prazer ou satisfação, por validação, segurança ou amor - você tem um tesouro dentro de si que é infinitamente maior do que qualquer coisa que o mundo possa oferecer." - Eckhart Tolle

Agora que passamos para a ideia de tentar entender que tipo de processo de pensamento nós temos, precisamos seguir em frente para tentar decifrar exatamente o que nos leva a esse processo de pensamento específico - por que pensamos assim, que eventos ou ações nos levaram a ver o mundo da maneira que fazemos agora e como essas ações ou omissões afetam as pessoas a nossa volta, bem como nossas próprias ações.

Basicamente, estamos prestes a descobrir o que faz você funcionar - quando

começou equal era a melhor maneira de "reagir".
Entendido? Ótimo - aqui vamos nós!

O processo de pensamento de uma pessoa é geralmente moldado com base nos três P.

Seu **P**assado, seus **P**ares e seus **P**ais.

A maneira como a mente humana trabalha é criando uma ponte de um evento para outro, então o que vamos fazer neste capítulo é explicar como cada um desses três aspectos se juntam para criar sua perspectiva básica de mundo.
Vamos começar com o óbvio

Seu passado -

Agora, não é de se surpreender que um evento passado modelasse a forma como uma pessoa tende a ver eventos semelhantes no futuro - o que você precisa entender, entretanto, é com qual evento passado você está lidando.

Foi um evento traumático que te marcou razoavelmente, ou foi apenas um medo irracional que você desenvolveu? De qualquer forma, pare de se concentrar no fato de que você simplesmente "não gosta" e se *pergunte por* que você está tendo uma reação negativa a isso. É importante que você entenda isso, porque você pode não ser capaz de controlar seu passado ou mudá-lo - mas o que você pode fazer é mudar a maneira como você o vê -

Confusos?

Deixe-me guiá-lo através de um pequeno exercício que eu gosto de chamar de 'Destruir preconceitos'.
Em primeiro lugar, eu vou pedir para você deixar de lado o que estiver fazendo e se concentrar apenas nas próximas instruções. Realmente foque, não deixe isso para lá, e não diga a si mesmo que fará isso depois, apenas sente-se e faça o que estou prestes a lhe dizer.

Pronto?

Primeiro Passo: Identifique a emoção mais negativa que você já experimentou.

Passo 2: Logicamente, tente entender o que o levou a isso - onde aconteceu, por que aconteceu, o que aconteceu antes do fato, como poderia ter sido evitado, por que não foi evitado? Seja honesto, não dê desculpas para si ou para os outros!

Passo 3: Pergunte a si mesmo de que maneira a sua negatividade em relação a esse incidente em particular moldou sua atitude em relação a incidentes semelhantes.

Pense nisso assim - você se lembra daquele amigo que você era muito próximo, mas agora faz questão de não ficar em contato? Por que você faz isso? Qual foi a coisa ou melhor, quais foram as infinidades de pequenas coisas que fizeram com que você mudasse a maneira

como você se sente em relação a essas pessoas?
Não seja vago - seja específico, pense em eventos específicos, ações ou coisas ditas ou não ditas - entendeu? Essa é a "razão" que você está procurando.

Há sempre uma razão para o jeito que você age e para ver as coisas do jeito que você vê. Elas nem sempre podem ser razões sólidas, ou até mesmo uma razão lógica, mas elas existem - e elas afetam como você se comporta em situações semelhantes mais tarde na vida, é como uma reação automática - então até você desacelerar e racionalizar o caminho que percorreu até chegar à sua 'reação', você vai ficar preso nesse mesmo ciclo.

Seus pares -

Há um outro fator externo que desempenha um papel importante em relação a como você vê ou percebe situações e incidentes específicos - as pessoas ao seu redor. Seus colegas, as pessoas com quem você lida, os seus iguais, são como seus irmãos de guerra ou irmãs de guerra, qualquer que seja. O ponto é que essas pessoas têm suas próprias perspectivas sobre certas questões e essas visões podem afetá-lo à medida que você tenta se encaixar com elas.

As pessoas geralmente tendem a pensar que a pressão dos colegas é um fenômeno adolescente ou de ensino médio - eles não poderiam estar mais errados. A noção de pressão dos pares apenas começa a ganhar impulso em nossa adolescência, é conhecido por continuar bem em nossos cinquenta ou até sessenta anos.

O que você precisa ter em mente é que - A pressão dos colegas não é apenas sobre alguém te pressionar para fazer alguma coisa - pode ser sobre algo tão simples como 'não' fazer algo, ou não pensar de uma certa forma - qualquer coisa basicamente que te faz se conformar com o que geralmente é a norma aceita nesse grupo de pessoas.

Então da próxima vez que você reagir a algo, ou mesmo mentalmente catagorizar algo - pergunte a si mesmo se você está agindo baseado em como você vê aquela coisa em particular ou se você está reagindo baseado em como as pessoas ao seu redor veem isso, começando de amigos para família ou apenas pessoas aleatórias no facebook, ou se você realmente vê as coisas assim. Pergunte a si mesmo - você ficará surpreso com a frequência com que alguém pensa por você!

Seus pais -

Em algum ponto de suas vidas, a maioria das pessoas faz questão de agir contra seus pais ou tentar estabelecer o quão diferentes eles são - mas a verdade é que somos mais parecidos com nossos pais do que sabemos!

É um pensamento terrível, não é? - Mas é verdade!

Os pais importam - na verdade, as influências, escolhas e perspectivas de seus pais são importantes, elas são como o seu próprio processo de pensamento é moldado quando criança. Essas influências vêm de duas maneiras; alguns são ensinados, como moral e ética, enquanto alguns são absorvidos pelo estilo de vida em que são criados.

Esses pensamentos são todas extensões da maneira como você foi condicionado a ver as coisas - quando você pensa nisso, sua reação imediata ao que é um comportamento 'bom x mau' e o que não é geralmente - o que seus pais consideraram ser bom comportamento é bom comportamento e o que eles consideraram ser mau comportamento é mau comportamento - não é até as pessoas envelhecerem que eles começam a desenvolver suas próprias opiniões, e mesmo assim as opiniões de seus pais sempre tendem a formular a base de seus princípios iniciais, seus padrões de pensamento.

O mesmo vale para as perspectivas que eles aprendem com sua formação geral, por exemplo, uma criança que cresce em uma família com valores tradicionais de classe média provavelmente terá uma visão conservadora da classe média sobre a vida, enquanto uma criança que cresce em uma família mais abastada do estilo Hollywood provavelmente não estará tão preocupada em "se encaixar" ou "ser tradicional" - entendeu?

Bem, você ainda não terminou - seu trabalho agora - é descobrir quantas de suas opiniões pré-formuladas sobre questões são suas e quantas são simplesmente extensões do que você aprendeu - e quantos são os efeitos de como você cresceu - não seja preguiçoso, isso é importante, uma vez que sabemos quais são essas opiniões é que nós começamos a trabalhar em todo o processo de identificar influências externas e mudá-las para que possamos finalmente assumir o controle de nossos próprios pensamentos!

www.ingramcontent.com/pod-product-compliance
Lightning Source LLC
LaVergne TN
LVHW012000070526
838202LV00054B/4987